“ Ah, elle est jaunie, la jeulesse, hein ! “

AH NON !
LÀ, Y EN A MARRE !

Tant qu'à faire, on devrait redessiner de la BD comme il y a un siècle.

TENEZ, PRENEZ COLUCHE !
ÇA, C'EST UN MEC QUI ALLAIT DE L'AVANT !
RIEN NE LUI FAISAIT PEUR !
IL SE LANCE DANS LE CABARET. AU DÉBUT, IL GALÈRE ET FAIT DES PETITS JOBS.
J'♥ les
MAIS, IL LÂCHE RIEN ET FINIT PAR DEVENIR LA STAR DU MUSIC HALL, LE COMIQUE DE RÉFÉRENCE, LE LÉONARD DE VINCI DU SKETCH !
AU LIEU DE SE COMPLAIRE DANS SON RÔLE DE COMIQUE...
LA CRIIIIISE !
... IL SE REMET EN QUESTION...
... ET TOURNE TCHAO PANTIN !
LE COMIQUE DEVIENT TRAGÉDIEN. LA FRANCE EST ÉMUE, LE SUCCÈS ENCORE AU RENDEZ-VOUS !
LÀ, ON SE DIT :
LE MEC A TOUT RÉUSSI, IL VA FINIR SA VIE AUTOUR D'UNE PISCINE EN SIROTANT DES COUPES DE CHAMPAGNE !
NORMAL, QUOI ?
BEN NON, LÀ ENCORE IL SE LANCE UN NOUVEAU DÉFI !
AIDER LES AUTRES !

CE QUE LES GENS LUI ONT DONNÉ EN NOTORIÉTÉ, IL VA LEUR RENDRE EN HUMANITÉ !
NOTORIETE
HUMANITE
D'ABORD EN DÉPOSANT SA VRAIE-FAUSSE CANDIDATURE AUX ÉLECTIONS PRÉSIDENTIELLES DE 1981 !
CE QUI VA SECOUER LES POLITIQUES ET FAIRE PARLER D'UNE FRANCE OUBLIÉE !
ET ENSUITE VIENT SON COUP DE MAÎTRE...
... SON CHEF-D'OEUVRE !
LES RESTOS DU COEUR !
SEUL, IL ARRIVE À FAIRE BOUGER...
... DES ENTREPRENEURS,
DES POLITIQUES,
DES CITOYENS,
AUTOUR D'UN PROJET SOCIAL COMMUN QUI AIDE, CHAQUE ANNÉE, DES MILLIONS DE PERSONNES À SE NOURRIR !
SUIVEZ LE GUIDE
COLUCHE C'EST LE GENRE DE MEC QUI FAIT PENSER :
" ÇA SERA MIEUX APRÈS ! "
...
UN LIVRE SUR COLUCHE, ÇA, ÇA SERAIT UNE BONNE IDÉE !

ET PUIS, APRÈS TOUT, C'EST BIEN SUR LE PASSÉ QU'ON CONSTRUIT L'AVENIR !
ENFOIRÉ !

“ Franchement, je suis capable du meilleur comme du pire.

Mais dans le pire, c'est moi le meilleur. “

Coluche

Un ouvrage conçu et coordonné par Jean Wacquet

Soleil

MOURIER 2006

DRIIING ....

Michel : ALLÔ... EDDY....
Peux-tu garder Arthur chez toi ?

Eddy : Arthur ?

M : Mon chien... c'est un Bouledogue français... Un bébé. Je pars sur la côte pour travailler tranquille mon prochain spectacle... Splendide maison avec parc mais pas de verdure... Que du gravier... Arthur va s'abîmer les coussinets...

E : Je comprends... mais Chivas ?

M : Chivas ?

E : Oui, ma chatte siamoise, petite mais plus méchante avec les étrangers qu'un berger allemand dressé...

M : Essayons...

CLIC

L'essai ne fut pas transformé. Arthur confondait Chivas avec un ballon de rugby et mon démon siamois prenait le dos du chien pour un grattoir. La rencontre s'arrêta là.

Quelques jours plus tard, Michel posait pour **Paris Match** avec Arthur dans ses bras. En arrière-plan, la fameuse maison effectivement très belle mais pas de trace de gravier !!!! Le sol était entièrement recouvert d'une épaisse moquette rouge et s'étendait à perpette.
Les papattes du chienchien à son Mimi étaient bien protégées.

Tout cela pour dire que le fameux dicton de W.C. Fields : “Un homme qui n'aime ni les enfants, ni les animaux ne peut pas être totalement mauvais” s'avère dans le cas cité inexact.

Michel était tout simplement un homme (gros) de cœur.

Adieu, ma Poule.

Eddy Mitchell

C'EST L'HISTOIRE D'UN MEC...
VOUS LA CONNAISSEZ ?
UN MEC_NORMAL...
BLANC...
... ET ALORS — LE MEC — ALOOOORS — OUAAAiiiiS — TOUT ÇAAAAAAA...
— FALLAIT QU'Y FINISSE LA PAGE 51 D'UN CANARD_ LE MEC — ET ALORS_ TOUT ÇAAAAA — BON_ Y S'RETROUVE AVEC UN QUART DE PAGE À BOUCHER —
LE MEC
HÉEEEE_ FAUT PAS DÉCONNER HÉ_
ATTENDEZ VOUS ALLEZ VOUS FENDRE LA GUEULE
— ET ALORS_ LE MEC_ Y SAVAIT PAS QUOI FOUTRE SUR CE PUTAIN DE BOUT DE PAGE BLANCHE
ET LE MEC_ IL ÉTAIT BIEN EMMERDÉ
LE MEC
ELLE EST RIGOLOTE, MON HISTOIRE ?
HOU HROUMEZ HA HRÔLE ?
?
GOTLIB

ALLO J'ÉCOUTE... PARDON ?... UNE ? B.D. SUR COLUCHE ? AH MAIS BIEN SÛR MAIS LE SEUL PROBLÈME C'EST LE DÉLAI DE LIVRAISON... POUR ?.. FIN MARS ? WOLLALAAA ÇA RISQUE D'ÊTRE UN PEU JUSTE, ATTENDEZ JE VÉRIFIE MON AGENDA DE RENDEZ-VOUS PROS
SHLIP SHLIP SHLIP
SHLIP SHLIP
SHLIP SHLIP SHLIP
SHLIP SHLIP
PUTAIN MAIS QU'EST-CE QUI M'A PRIS D'ACCEPTER DE FAIRE UNE BD SUR COLUCHE ?
SHLIP SHLIP
POUR QUI JE ME PRENDS MAIS BORDEL POUR QUI JE ME PRENDS ?
COLUCHE ? VOULOIR ME MESURER À L'HUMOUR DE COLUCHE ? MOI QUI SUIS NÉ AU CAIRE ? OUYOUYYOUUU MAIS QUELLE PRÉTENTION DE MA PART... POURQUOI MAIS POURQUOI JE N'AI PAS EU LE COURAGE DE REFUSER ? LA GROSSE TÊTE, VOILÀ, J'AI ATTRAPÉ LA GROSSE TÊTE, TOUT ÇA DANS LE SEUL BUT DE TOMBER DES MEUFS
BON ALLEZ CETTE TORTURE MENTALE N'EST PLUS POSSIBLE, JE LES APPELLE ET JE LEUR DIS QUE JE NE PEUX PAS FAIRE LA BD PROMISE SUR COLUCHE À CAUSE QUE J'AI ATTRAPÉ LA VARICELLE DU BRAS DROIT
SHLIP
MAIS ENFIN P'PA C'EST IMPOSSIBLE PUISQU'ON EST DÉJÀ IMPRIMÉS
DÉJÀ IMPRIMÉS ? COMMENT ÇA DÉJÀ IMPRIMÉS ?
BEN OUAIS REGARDE EN FACE DE TOI. MÊME QU'ON ARRIVE À VOIR LES POILS À L'INTÉRIEUR DES TROUS DE NARINES DE LA PERSONNE QUI NOUS LIT EN CE MOMENT
AH MERDE
ÉDIKA

SCÉNARIO, DESSIN : FABIEN LACAF.

DÉCEMBRE 1985, LYON, OUVERTURE DES "RESTAUS DU COEUR"...
SALUT TOUT LE MONDE!
OH, MAMAN, REGARDE, C'EST...
OUI, MON CHÉRI!
LES RESTAURANTS DU COEUR LES RELAIS DU COEUR
Les Restaurants Du COEUR
COLUCHE?!
ALLEZ, ZOU GALINETTE! IL Y EN AURA POUR TOUT LE MONDE!
SALUT MICHEL!
HEU... SALUT MA POULE!
ON... ON SE CONNAIT?
HEU... TOI NON, MAIS MOI OUI... ENFIN, PAS VRAIMENT...
...MOI C'EST YANN... J'ÉTAIS AU CAFÉ DE LA GARE À LA PREMIÈRE... TU RACONTAIS UNE HISTOIRE... "L'HISTOIRE D'UN MEC"...
ET ALORS?
BEN, LE MEC, JE CROIS QUE C'EST MOI... ENFIN, C'ÉTAIT MOI! PEU DE TEMPS APRÈS, J'AI PERDU MON BOULOT, ...PUIS MA FEMME... ET MES ENFANTS... ET JE ME SUIS PENCHÉ SUR LA SEINE, DU HAUT DU PONT DE L'ALMA, MES LUNETTES SONT TOMBÉES... ET MOI AVEC!...
AH, MERDE MA POULE, QUELLE TASSE!
OUAIS, ON M'A REPÊCHÉ ET DEPUIS, JE TRAÎNE... ET JE SUIS LÀ! MAIS IL Y A UN TRUC QUI M'A PERMIS DE TENIR... UN SEUL!...
AH OUI... ET QUOI DONC?
LACAF
2

BEN TOI, ENFOIRÉ ! TA BONNE HUMEUR, TA MÉCHANCETÉ ENVERS LES GRANDS ET LES SALAUDS, TON AMOUR VACHARD POUR LES FAIBLES ET LES MISÉREUX ! TU NE NOUS AS PAS ÉPARGNÉS MAIS ON EN REDEMANDAIT ! ON SAVAIT QUE TU NOUS AIMAIS COMME ON EST, AVEC NOS DÉFAUTS ET NOS QUALITÉS !
Les Restaurants du COEUR
JE N'SAIS PAS QUOI TE DIRE, MA POULE !
BEN, N'DIS RIEN ! LA SEULE CHOSE QU'ON PEUT FAIRE, C'EST PARTAGER LA SOUPE... TIENS...
AU BON VIEUX TEMPS DU CAFÉ DE LA GARE...
AU BON VIEUX TEMPS, YANN !
1969, IMPASSE D'ODESSA...
...MAIS C'EST L'HISTOIRE D'UN MEC QUI EST SUR LE PONT DE L'ALMA ! ET QUI REGARDE DANS L'EAU !... PARCE QUE J'Y SUIS ALLÉ, MOI... ET C'EST VRAI !...
AH, LE CON ! QUEL MEC ! QUEL MEC !...
...SI J'OSAIS, J'IRAIS LUI DIRE QUELLE BELLE SOIRÉE ON A PASSÉ !... MAIS BON... J'OSERAIS PAS...
...MAIS UN JOUR, PEUT-ÊTRE, J'IRAI LUI DIRE... PROMIS !
MAIS OUI, MON PETIT YANN ! ÇA M'ÉTONNERAIT !
LACAF
3

BON, ÇA Y EST, TU LES AS FAIT TOUS FUIR ?
OUAF ! OUAF ! ALLEZ, PATRICK ET MINET, LES PLANCHES VOUS APPELLENT !
ALLEZ, MESSIEURS-DAMES, APPROCHEZ !... FAITES VOS JEUX...
... C'EST LA GRANDE ROUE DE LA VIE !...
1/2 tarif
A boisson
Plein pot
Gratuit
ATTENDEZ VOTRE TOUR... IL Y A UNE PLACE POUR TOUT LE MONDE !...
CETTE HISTOIRE EST "VRAIMENT FAUSSE" OU "FAUSSEMENT VRAIE" ! QUE MICHEL COLUCCI, QUE J'AI VRAIMENT CROISÉ À CETTE ÉPOQUE, ME PARDONNE POUR LA LIBERTÉ QUE J'AI PRIS DE LUI ATTRIBUER UN RÔLE SANS SON CONSENTEMENT...
... MICHEL, TU NOUS MANQUES TOUS LES JOURS...
ÇA, C'EST LA VÉRITÉ !...
F. LACAF. 2006
4

“ À un moment, je me suis dit : je préfère être clochard que travailler.
C’est à ce moment-là que j’ai pu devenir artiste. “

CARTIER
COLUCHE
QU'EST CE TU DESSINES DIS?
UN HOMMAGE À UN COMIQUE QUI A DISPARU Y A 20 ANS
ET TU TROUVES ÇA DRÔLE?
ET Y S'APPELAIT COMMENT?
COLUCHE
OUAIS LE MEC DES RESTOS DU COEUR ...
ET TU L'AIMAIS?
TOUT LE MONDE L'AIMAIT.
MOI AUSSI QUAND J'ÉTAIS PETIT J'AI ATTRAPÉ LA COLUCHE.
ET C'ÉTAIT PAS DRÔLE ...
...
BON ... LAISSEZ-MOI BOSSER, LES NAINS.
coluche 1950

20 ANS APRÈS NOS 20 ANS...
PLUTÔT QUE DE ME DÉGUISER EN BÉBÉ COMME BEAUCOUP DE NOUVEAUX PAPAS, J'AVAIS PRÉFÉRÉ AFFUBLER MES GAMINS DE CES SALOPETTES QUI LEUR DONNAIENT UN PETIT AIR DIGNE DE HOBOS DES RAISINS DE LA COLÈRE...
PEINTURE FRAICHE
L'UNIFORME DES MÉCANOS DE LA GÉNÉRALE, D'UN BUSTER KEATON, DES HIPPIES DE SAN FRANCISCO, DE L'IVRESSE DE LA RÉVOLTE...
LA ROUE TOURNE, LA ROUTE AUSSI. NOUS LA PRENONS TOUS, PETITS EN TROTTINETTE ET PLUS TARD EN ROUE LIBRE...
PLUS QUE L'HUMOUR DE COLUCHE, IL ME REVIENT SURTOUT SA TENDRESSE INSOLENTE ET LE REGARD D'UN CLOWN QUI SOURIT À LA PEINE ET L'ENDORT.

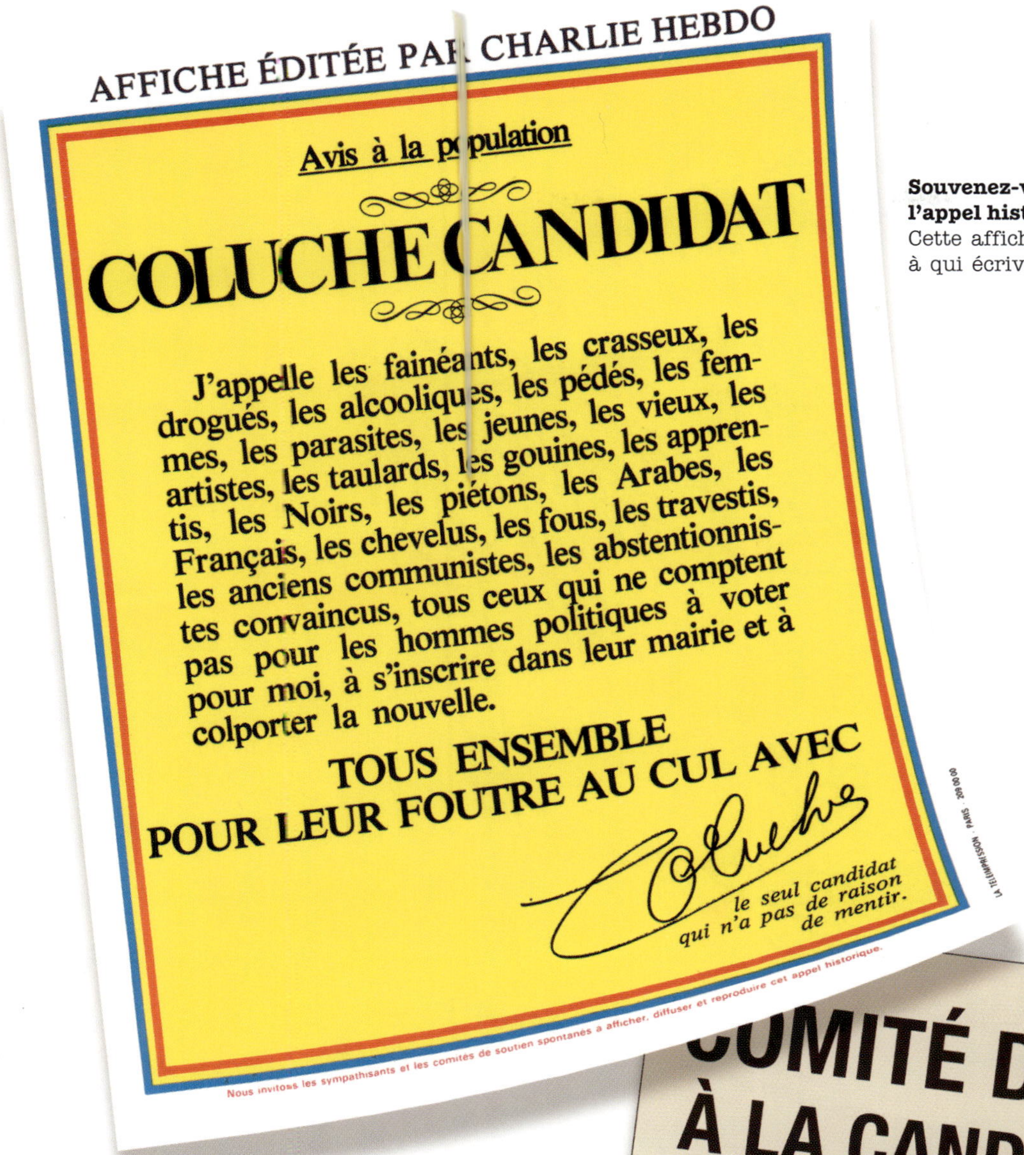

Souvenez-vous, c'était le 29 octobre 1980 : l'appel historique du candidat Coluche !
Cette affiche mythique était envoyée gratuitement à qui écrivait à Charlie Hebdo.

La liste de soutien à la candidature Coluche, parue dans Charlie Hebdo, réunit 150 noms.
La plupart sont des proches mais aussi des personnes fictives. Sans compter ceux qui furent associés à cette liste à leur insu !

Le 30 mars 1981, face à la pression du monde politique et à une censure de la presse, Coluche se retire de la course à la présidentielle et part se mettre au vert à la Guadeloupe.

Citoyen du XXIe siècle,
fais de Coluche le symbole de ton ras-le-bol !
Arbore fièrement ce joli badge après l'avoir découpé de tes petits doigts habiles.

Dessins parus dans Charlie Hebdo

VOUS VOUS SOUVENEZ DE L'ÉLECTION DE MITTERRAND, EN 1981 ? C'ÉTAIT LA FOLIE !
TU SAIS, ON AVAIT TROIS OU QUATRE ANS...
CETTE SOIRÉE ÉLECTORALE ! SON VISAGE QUI S'AFFICHE PETIT À PETIT ALORS QUE TOUT LE MONDE ATTENDAIT GISCARD !
ELYSEE 81
ET SI COLUCHE AVAIT GAGNÉ ? VOUS IMAGINEZ ?
AVEC LE NEZ ROUGE ? LA TÊTE DES ÉTATS MAJORS...
TU PARLES, ILS AURAIENT TOUS RETOURNÉ LEUR VESTE, C'EST LEUR MÉTIER...
JE N'AI JAMAIS COMPRIS POURQUOI ILS FAISAIENT ÇA.
Gaby + Dzack

Coluche se retire de la course à la présidentielle :
Dans Charlie Hebdo, Wolinski fait réagir vigoureusement le professeur Choron !

ET VOUS VOUS SOUVENEZ ? QUAND MITTERRAND A ÉTÉ ÉLU, C'ÉTAIT LA PANIQUE !
CERTAINS FRANÇAIS PENSAIENT QUE LE PAYS ALLAIT SE FAIRE ENVAHIR PAR LES FORCES DE MOSCOU !
OUI, ET ÇA, AVEC COLUCHE PRÉSIDENT, ÇA N'AURAIT PAS ÉTÉ POSSIBLE.
FORCÉMENT !
BEN OUI, AVEC COLUCHE, IL Y AVAIT PLUS DE CHANCE QUE LE PAYS SOIT ENVAHI PAR LE CIRQUE DE MOSCOU...
THE GREAT MOSCOW CIRCUS
Gaby & Dzack

DÉFENSE IMMUNITAIRE !

Il n'y a que trois personnes publiques dont la disparition m'a affecté :
DISNEY, BREL et… COLUCHE.
Trois aspects de ma personnalité.
Trois repères à jamais disparus.
Mais de ce trio, seul COLUCHE n'a jamais été remplacé.
Ni dans mon cœur, ni dans ma tête, car si d'autres comiques m'ont fait rire depuis, plus personne ne m'a fait penser.
Penser dans le bon sens.
Penser à l'autre…

Depuis qu'il est parti, plus de garde-fou !
Un comble… Un bouffon garde-fou !…
Et le monde ne tourne plus pareil.
Coluche… Je crois que tu nous as quittés au bon moment !
Tu n'aurais pas supporté !
Les cons sont partout…

De plus en plus nombreux et l'on n'ose rien leur dire.
Ils sont devenus vachement agressifs.
Remarque, ce sont des cons, hein, c'est à ça qu'on les reconnaît.
Dans le temps, lorsque tu étais là, ils portaient un uniforme.
Ben… Cela n'a pas changé.
Ils sont toujours en uniforme,
mais ils en ont plein de différents, maintenant.

La cellule des cons s'est divisée en plein de cellules de Super Cons.
Des cellules mutantes complètement
hermétiques à l'humour.
J'ai bien peur que les générations
suivantes soient pires encore.
Et toujours pas d'anti-virus.

Même pas une petite trithérapie pour patienter.
Et tu n'es plus là. Nous n'avons même plus
de défenses immunitaires.
L'autre jour, en allant au restaurant,
j'ai enjambé un SDF couché par terre.
Comme cela, machinalement...

Ce n'est qu'une fois à l'intérieur de l'établissement
que j'ai réalisé ce que je venais de faire.
Je ne me suis même pas inquiété
de savoir s'il allait bien.
Coluche, je crois que je suis contaminé.
Je ne vais pas bien, mec, tu me manques...

Allez, enfoiré
je t'embrasse
et au plus tard possible.

Didier

PS : Hé, Michel !

Si là-haut tu croises Annick,
raconte-lui quelques vannes :
elle va adorer !

En février 1980, Coluche est une star. RMC, en perte de vitesse, décide de l'embaucher.
Le succès est immédiat mais son humour ne passe pas du tout à Monaco. Suite à de nombreuses lettres de mécontentements et à un agacement appuyé de la famille princière, il est remercié deux semaines après son arrivée.

Le 20 octobre 1988, la **"Loi Coluche"** est adoptée à l'unanimité : chaque personne ayant fait un don aux **Restos du Cœur** bénéficie d'une réduction d'impôt égale à 50% de la somme versée.

PER LE RITRATTO !

UN FAIT DIVERS AUTHENTIQUE RAPPORTÉ PAR FRANÇOIS "GASTON" BERGERET
DESSINÉ PAR MOEBIUS

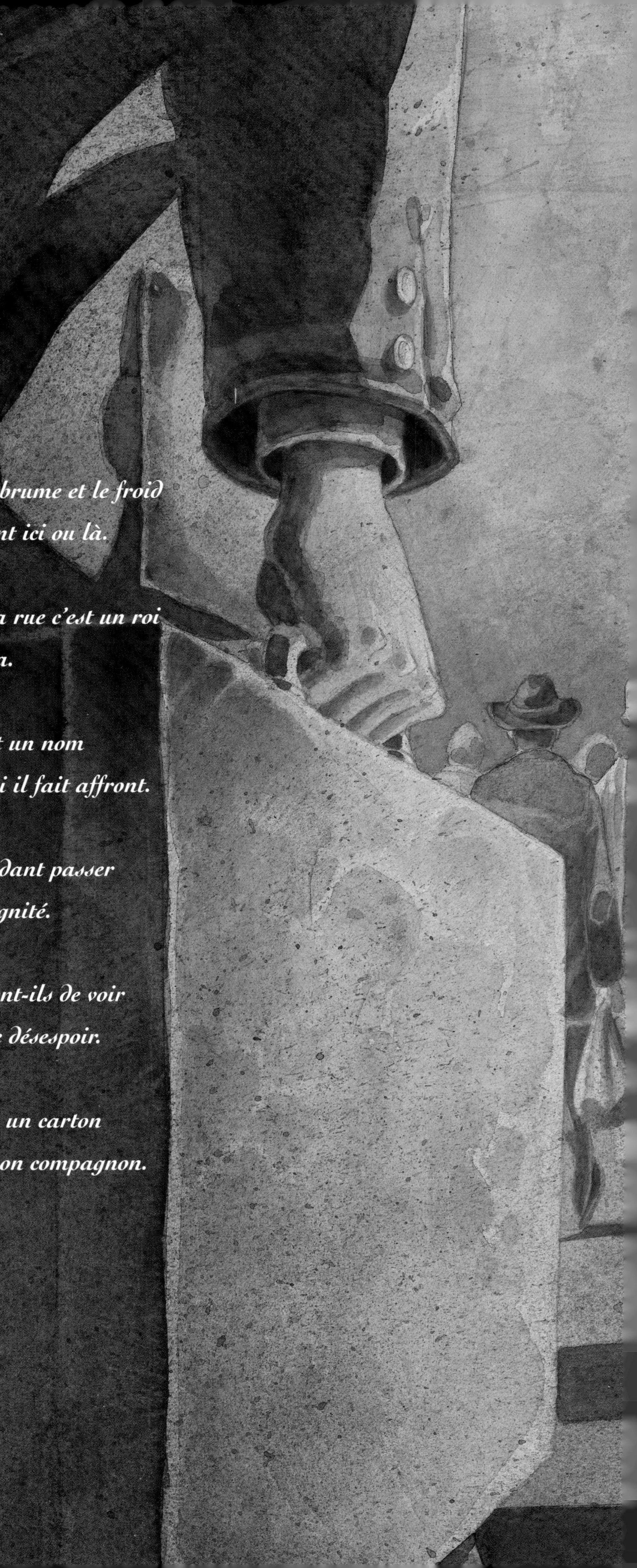

Compagnon de lui-même, dans la brume et le froid
Ensemble ils se promènent, et vivent ici ou là.

Quand l'hiver devient rude, dans la rue c'est un roi
Un roi de turpitude, oublié et paria.

Il aime se rappeler, qu'avant il eut un nom
Comme tous ces gens pressés, à qui il fait affront.

Et puis, en un seul geste, les regardant passer
Il oublie ce qui reste pour lui de dignité.

Mais pourquoi tous ces gens refusent-ils de voir
Cette main qui se tend, en signe de désespoir.

Sa vie n'en est pas une, sa maison un carton
Ils y dorment sous la lune, lui et son compagnon.

“ C’est un réflexe de timidité pour moi de faire le clown. “

ALORS IL VOIT SA FEMME EN TRAIN DE GLISSER SUR LA RAMPE D'ESCALIER.
LE SCHMILBLICK Cafe Bar
UN FAUX
ET IL LUI DIT : " QU'EST-CE QUE TU FAIS ? "
" BEN TU VOIS... JE FAIS CHAUFFER LE DINER... "
AHAH
TSS QUEL IMBÉCILE !!!
HAHAHAHAA
IL LE FAIT BIEN, LE SALAUD! !!!
C'EST PAS LÀ... JE VOUS DIRAI... C'EST PAS LÀ...
ALLEZ MICHEL! ENCORE UNE!
OUAIS!
ET C'EST REPARTI!
C'EST PAS VRAI !!!
?!!
TSS... BEN MOI NON PLUS. ÇA ME FAIT PAS MARRER PAS DU TOUT, MÊME... ÇA ME FAIT PAS MARRER DU TOUT DU TOUT DU TOUT...
NE LE PRENEZ PAS EN MAUVAISE PART MAIS C'EST QUAND MÊME PAS BIEN SOUVENT QU'ON VOUS VOIT RIRE, AVOUEZ-LE! ET PUIS... IL NE FAIT RIEN DE MAL...
OH LÀ... TSS JE SAIS BIEN... VOUS LE DÉFENDEZ TOUJOURS. MAIS UN DE CES QUATRE, IL VOUS FERA PERDRE DES CLIENTS! VOUS VERREZ CE QUE JE VOUS DIS...
1

HÉ! VOUS SAVEZ LE SEUL TRUC QUI TRAVAILLE DANS LE BUREAU D'UN FONCTIONNAIRE ?!!
C'EST LE BOIS!
AAHAHAH
AHAH
JE VOUS PRÉVIENS. J'AI LES NOMS DE CEUX QUI RIGOLENT! J'AI LES NOMS!
AHA
HI HIII
ALORS LÀ... ÇA FAIT TROP! DONNEZ-MOI MA NOTE.
?!!
BIN...? MADAME JULIE...? VOUS N'ALLEZ PAS VOUS Y METTRE VOUS AUSSI?
MAD
ELLE EST BONNE CELLE-LÀ! TSS...
ET VOILÀ! JE VOUS AVAIS PRÉVENUE OU PAS? C'ÉTAIT SÛR, CERTAIN! IM-PA-RA-BLE!
OH VOUS, ÇA VA, HEIN!?
AHAHAHAHAHAHAHAHAHAAAH
C'EST UN GOSSE, IL DEMANDE À SA MÈRE "MAA
ON FERME!
"QU'EST CE QUE C'EST UN TRAVESTI..
?!
OHH! NON... PAS DÉJÀ...
TU VAS PAS NOUS FAIRE ÇA!
LA FERME!
CIRCULEZ! Y'A RIEN À VOIR!
VOUS AVEZ ENTENDU LES MECS?! ELLE A CHOPÉ LA "COCOLUCHE", ELLE AUSSI...
MINCE
AAHAHAHAAAAHAHAHAHA
ALLEZ! VENEZ LES GARS! ON Y VA!
SALUT À TOUS
2

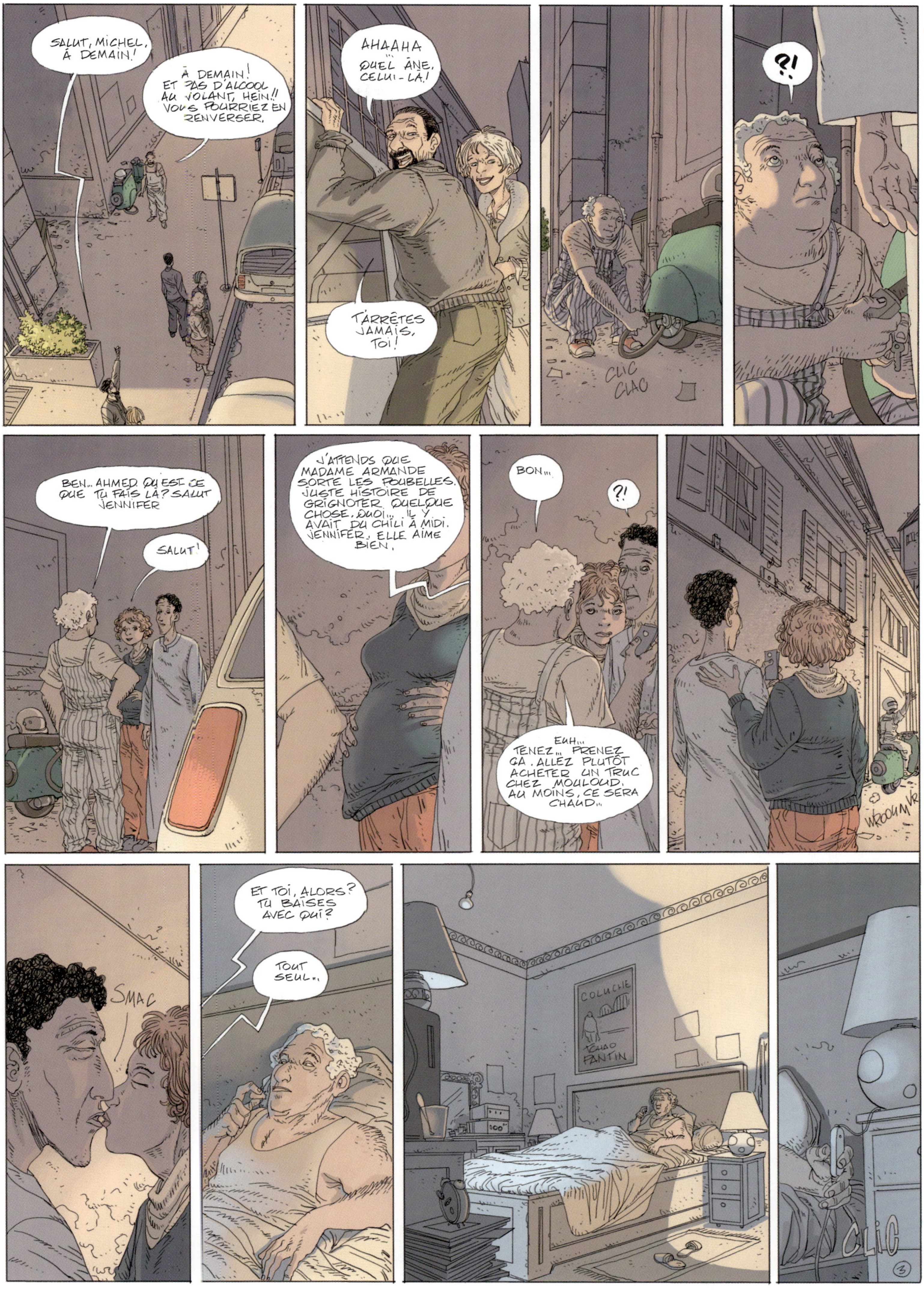
SALUT, MICHEL, À DEMAIN!
À DEMAIN! ET PAS D'ALCOOL AU VOLANT, HEIN!! VOUS POURRIEZ EN RENVERSER.
AHAAHA ... QUEL ÂNE, CELUI-LÀ!
T'ARRÊTES JAMAIS, TOI!
CLIC CLAC
?!
BEN... AHMED QU'EST-CE QUE TU FAIS LÀ? SALUT JENNIFER
SALUT!
J'ATTENDS QUE MADAME ARMANDE SORTE LES POUBELLES. JUSTE HISTOIRE DE GRIGNOTER QUELQUE CHOSE, QUOI... IL Y AVAIT DU CHILI À MIDI. JENNIFER, ELLE AIME BIEN.
BON...
?!
EUH... TENEZ... PRENEZ ÇA. ALLEZ PLUTÔT ACHETER UN TRUC CHEZ MOULOUD. AU MOINS, CE SERA CHAUD...
WROOUMVR
SMAC
ET TOI, ALORS? TU BAISES AVEC QUI?
TOUT SEUL...
COLUCHE
FANTIN
CLIC

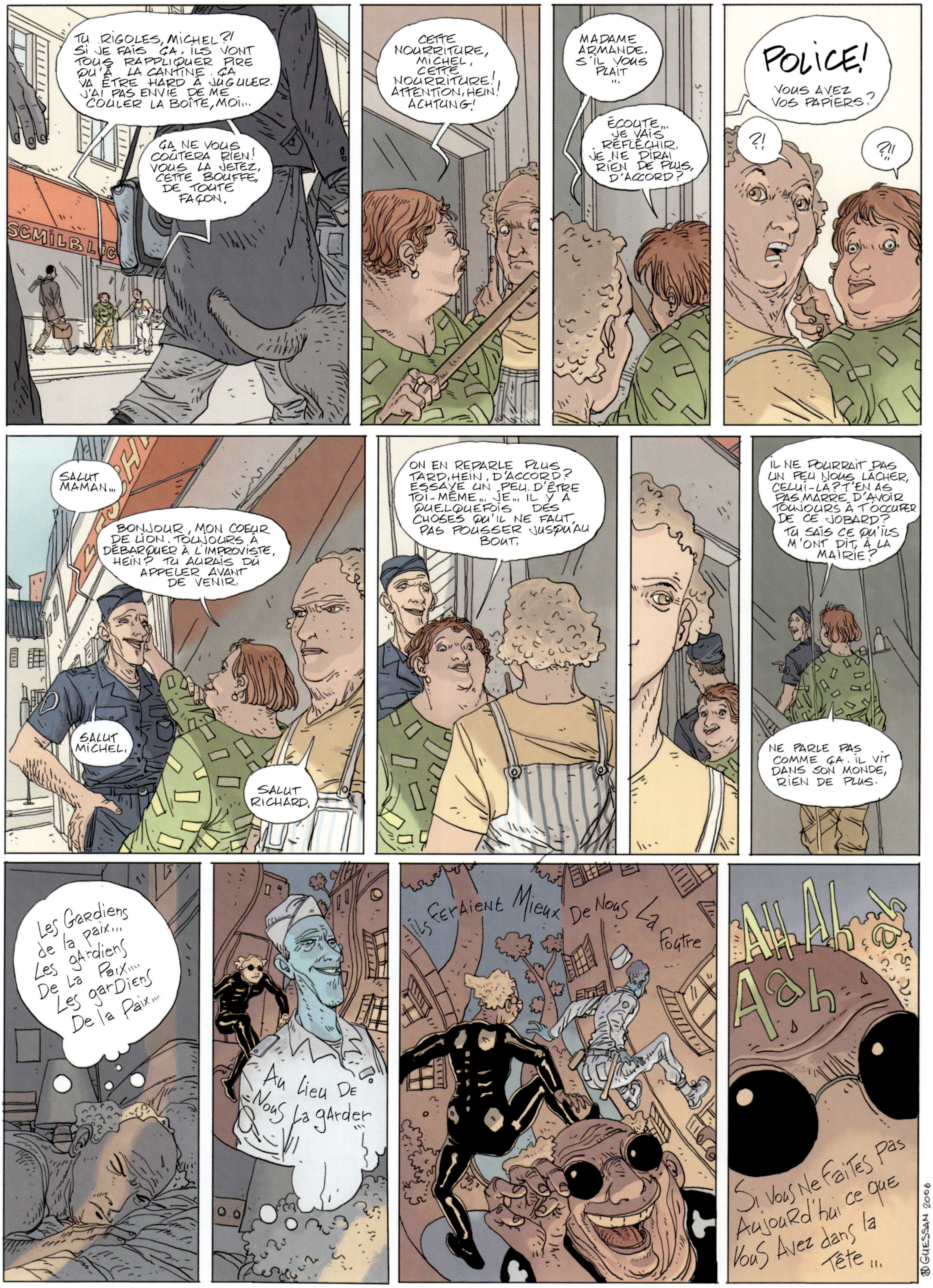
TU RIGOLES, MICHEL?! SI JE FAIS ÇA, ILS VONT TOUS RAPPLIQUER PIRE QU'À LA CANTINE. ÇA VA ÊTRE HARD À JUGULER. J'AI PAS ENVIE DE ME COULER LA BOÎTE, MOI...
ÇA NE VOUS COÛTERA RIEN! VOUS LA JETEZ, CETTE BOUFFE, DE TOUTE FAÇON.
SCMILBLIC
CETTE NOURRITURE, MICHEL, CETTE NOURRITURE! ATTENTION, HEIN! ACHTUNG!
MADAME ARMANDE. S'IL VOUS PLAIT ...
ÉCOUTE... JE VAIS RÉFLÉCHIR. JE NE DIRAI RIEN DE PLUS, D'ACCORD?
POLICE!
VOUS AVEZ VOS PAPIERS?
?!
?!!
SALUT MAMAN...
BONJOUR, MON COEUR DE LION. TOUJOURS À DÉBARQUER À L'IMPROVISTE, HEIN? TU AURAIS DÛ APPELER AVANT DE VENIR.
SALUT MICHEL.
SALUT RICHARD.
ON EN REPARLE PLUS TARD, HEIN, D'ACCORD? ESSAYE UN PEU D'ÊTRE TOI-MÊME... JE... IL Y A QUELQUEFOIS DES CHOSES QU'IL NE FAUT PAS POUSSER JUSQU'AU BOUT.
IL NE POURRAIT PAS UN PEU NOUS LÂCHER, CELUI-LÀ? T'EN AS PAS MARRE D'AVOIR TOUJOURS À T'OCCUPER DE CE JOBARD? TU SAIS CE QU'ILS M'ONT DIT, À LA MAIRIE?
NE PARLE PAS COMME ÇA. IL VIT DANS SON MONDE, RIEN DE PLUS.
Les Gardiens de la paix... Les gardiens De La Paix... Les garDiens De la Paix...
Au Lieu De Nous La garder...
Ils Feraient Mieux De Nous La Foutre
AH Ah ah Aah
Si Vous Ne Faites pas Aujourd'hui ce que Vous Avez dans la Tête...
GUESSAN 2006

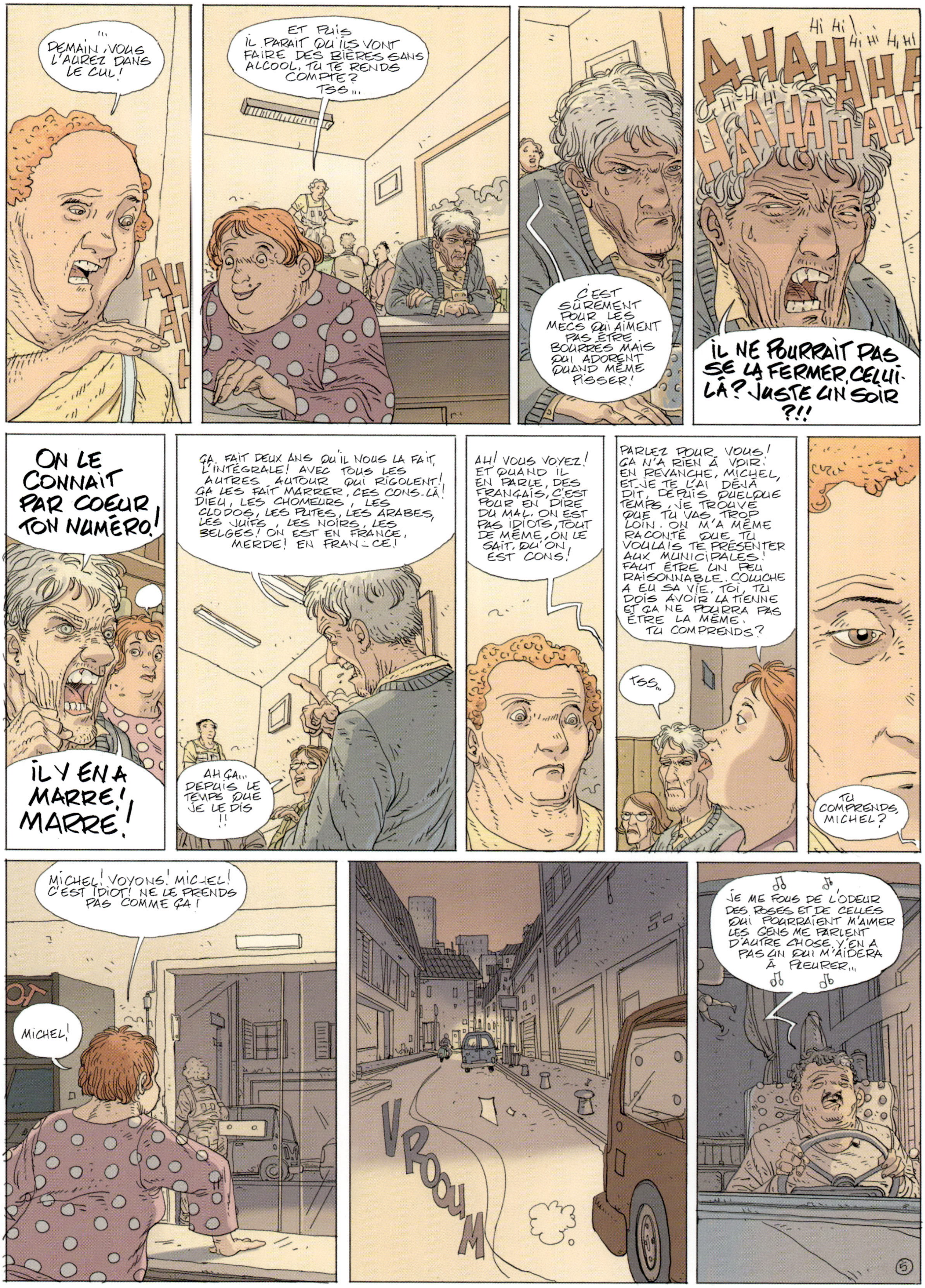
… DEMAIN, VOUS L'AUREZ DANS LE CUL!
AH AH AH
ET PUIS IL PARAÎT QU'ILS VONT FAIRE DES BIÈRES SANS ALCOOL, TU TE RENDS COMPTE? TSS…
C'EST SÛREMENT POUR LES MECS QUI AIMENT PAS ÊTRE BOURRÉS MAIS QUI ADORENT QUAND MÊME PISSER!
AHAHAHAHA HAHAHAHAH
HI HI
IL NE POURRAIT PAS SE LA FERMER, CELUI-LÀ? JUSTE UN SOIR ?!!
ON LE CONNAÎT PAR COEUR TON NUMÉRO!
IL Y EN A MARRE! MARRE!
ÇA FAIT DEUX ANS QU'IL NOUS LA FAIT, L'INTÉGRALE! AVEC TOUS LES AUTRES AUTOUR QUI RIGOLENT! ÇA LES FAIT MARRER, CES CONS-LÀ! DIEU, LES CHÔMEURS, LES CLODOS, LES PUTES, LES ARABES, LES JUIFS, LES NOIRS, LES BELGES! ON EST EN FRANCE, MERDE! EN FRAN-CE!
AH ÇA… DEPUIS LE TEMPS QUE JE LE DIS !!
AH! VOUS VOYEZ! ET QUAND IL EN PARLE, DES FRANÇAIS, C'EST POUR EN DIRE DU MAL. ON EST PAS IDIOTS, TOUT DE MÊME, ON LE SAIT, QU'ON EST CONS!
PARLEZ POUR VOUS! ÇA N'A RIEN À VOIR. EN REVANCHE, MICHEL, ET JE TE L'AI DÉJÀ DIT, DEPUIS QUELQUE TEMPS, JE TROUVE QUE TU VAS TROP LOIN. ON M'A MÊME RACONTÉ QUE TU VOULAIS TE PRÉSENTER AUX MUNICIPALES! FAUT ÊTRE UN PEU RAISONNABLE. COLUCHE A EU SA VIE, TOI, TU DOIS AVOIR LA TIENNE ET ÇA NE POURRA PAS ÊTRE LA MÊME. TU COMPRENDS?
TSS…
TU COMPRENDS, MICHEL?
MICHEL! VOYONS! MICHEL! C'EST IDIOT! NE LE PRENDS PAS COMME ÇA!
MICHEL!
VROOUM
JE ME FOUS DE L'ODEUR DES ROSES ET DE CELLES QUI POURRAIENT M'AIMER LES GENS ME PARLENT D'AUTRE CHOSE, Y'EN A PAS UN QUI M'AIDERA À PLEURER…
5

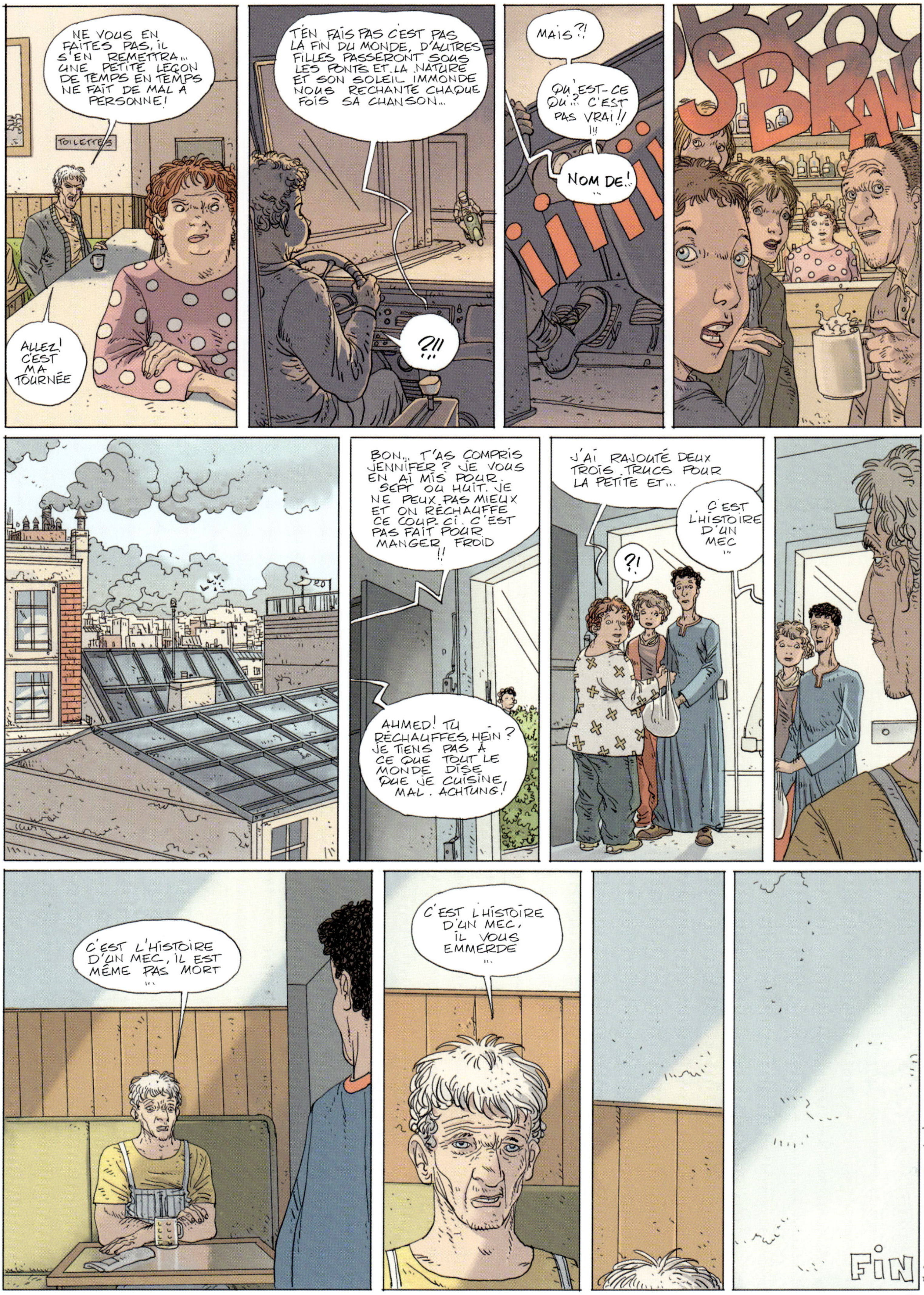
NE VOUS EN FAITES PAS, IL S'EN REMETTRA... UNE PETITE LEÇON DE TEMPS EN TEMPS NE FAIT DE MAL À PERSONNE!
TOILETTES
ALLEZ! C'EST MA TOURNÉE
T'EN FAIS PAS C'EST PAS LA FIN DU MONDE, D'AUTRES FILLES PASSERONT SOUS LES PONTS ET LA NATURE ET SON SOLEIL IMMONDE NOUS RECHANTE CHAQUE FOIS SA CHANSON...
?!!
MAIS ?!
QU'EST-CE QU'... C'EST PAS VRAI!!
NOM DE!..
BROC
BRAN
BON... T'AS COMPRIS JENNIFER? JE VOUS EN AI MIS POUR SEPT OU HUIT. JE NE PEUX PAS MIEUX ET ON RÉCHAUFFE CE COUP-CI. C'EST PAS FAIT POUR MANGER FROID!!
AHMED! TU RÉCHAUFFES, HEIN? JE TIENS PAS À CE QUE TOUT LE MONDE DISE QUE JE CUISINE MAL. ACHTUNG!
J'AI RAJOUTÉ DEUX TROIS TRUCS POUR LA PETITE ET...
?!
C'EST L'HISTOIRE D'UN MEC...
C'EST L'HISTOIRE D'UN MEC, IL EST MÊME PAS MORT...
C'EST L'HISTOIRE D'UN MEC, IL VOUS EMMERDE...
FIN
N'GUESSAN COULEURS : GIBELIN

“ Si on est touché soi-même par la mort,
on a intérêt à en rire ; et si on n’est pas touché,
on n’a pas de raison de ne pas en rire. “

BEN OUI, J'AI ACCEPTÉ ...
'FAUT BIEN QUE JE PAYE MON LOYER.
ET PUIS J'AI TROP BOSSÉ, L'ANNÉE DERNIÈRE ...
LES IMPÔTS VEULENT QUE JE LEUR RENDE À PEU PRÈS TOUT LE POGNON.
OUI... DEUX PAGES.
ÇA VA, J'AI JUSQU'À MARDI POUR LES FILER À LA COLORISTE.
MAIS C'EST PAS SIMPLE !
QUESTION HUMOUR, J'AI DÉJÀ DU MAL À ME CONVAINCRE QUE MES HISTOIRES EN SOIENT VRAIMENT POURVUES ...
ALORS IMAGINE... RENDRE HOMMAGE AU MAÎTRE DU GENRE, C'EST ALLER DROIT AU CASSE-PIPE...
UN VRAI EXERCICE D'HUMILIATION !
AH NON, J'ÉTAIS PAS OBLIGÉ...
MAIS C'EST PAS MAL PAYÉ...
À PEU PRÈS LE MONTANT DE MON DÉCOUVERT... MA BANQUIÈRE VA APPRÉCIER !
DU COUP, POUR TES CINQ CENTS EUROS, VA FALLOIR PATIENTER ...
JE PEUX PAS TE LES REMBOURSER...
JE SUIS À SEC.
TU VAS T'EN SORTIR AVEC TA BD ?
J'EN BAVE...
MAIS SI TU VEUX, ON VA BOUFFER QUELQUE PART ...
C'EST MOI QUI INVITE !
OK... ON SE RETROUVE EN BAS ...
ALORS, ON VA OÙ ?
PAR LÀ, C'EST PAS LOIN...

JE TROUVE RIEN D'AMUSANT À RACONTER... CE MEC ÉTAIT TROP FORT !
IL AVAIT PAS BESOIN DE FAIRE GRAND-CHOSE POUR ÊTRE DRÔLE.
UN ESPRIT PAREIL, ON PEUT PAS RIVALISER !
SA VERVE ET SA GOUAILLE SUFFISAIENT À FAIRE SE GONDOLER LES FOULES.
MAIS ÇA ALLAIT PLUS LOIN...
EN INTERVE-NANT PARTOUT, IL AVAIT FINI PAR SE RENDRE INCONTOUR-NABLE...
SON HUMOUR ÉTAIT DEVENU NÉCESSAIRE...
AUTANT QUE SA FÉROCITÉ, POUR NOUS SOULAGER DE CELLE DU MONDE.
TU TE RAPPELLES QUAND IL EST MORT ?
ON POUVAIT PAS Y CROIRE...
COMME SI ON SE FAISAIT AMPUTER DE QUELQUE CHOSE...
MOI JE L'AIMAIS BIEN, HEIN...
MAIS BON, CE QUI M'ÉNERVE, C'EST TOUT CES GENS QUI L'ONT D'ABORD DÉTESTÉ ET LUI ONT CHIÉ DESSUS PENDANT DES PLOMBES...
TOUT ÇA POUR SE METTRE À L'APPRÉCIER DÈS QU'IL A RÉUSSI À NOURRIR LES PAUVRES !
IL FALLAIT QU'ILS LE SANCTIFIENT POUR LE RENDRE ACCEPTABLE.
MOI JE PRÉFÉRAIS QUAND IL DÉRANGEAIT TOUT LE MONDE ...
OUI... BEN, SI TU VEUX BIEN...
POUR CE SOIR, ON VA PAS PINAILLER SUR L'ÉTHI-QUE...
NI FAIRE LA FINE BOUCHE AVEC LES PROBLÈMES DE RÉCUP' OU CE GENRE DE BROUTILLES...
ÇA POURRAIT NOUS GÂCHER LA FÊTE...
ON ARRIVE !
LES RESTAURANTS DU COEUR

BAR DE LA MARINE
SIRIUS
BELGICA
JE VAIS VOUS RACONTER UNE HISTOIRE BELGE !
MAIS VOUS SAVEZ, JE SUIS BELGE !
CA FAIT RIEN, JE LA RACONTERAI DEUX FOIS !
Ptiluc 2006

à la maison

olivier Dutto
COULEURS : BENOÎT BEKAERT

"Avoir l'air con peut être utile,
l'être vraiment serait plus facile !" Coluche.

Romuald et Francis

Cagniat

mince, c'est quoi ça? des freesbees ?!
Eh mollo! c'est des vieux "dixs" en pétrole d'avant la guerre du golfe...
il y tient vachement mon père !...
les discours de Coluche, quand on a 10 ans, on ne comprend pas tout...
...au bout d'une demi-heure, y a un autre mec qui arrive, et qu'est-ce qui voit le mec ? y voit un mec qui est là et qui regarde dans l'eau, hé! alors le mec, parce que le mec bon, et puis l'autre, parce que bon et puis, parce que maintenant, y a deux mecs...
...mais l'essentiel, si!...
Je m'excuse mais merde! Je m'excuse...
attention tu marches sur ton short !!!
Géraaard
Quand je fais ça, Aïe! J'peux pas l'faire...
C'est Debré!!!
Laisse Madeleine...
HAHAHA!!
HOHO!
puis vint le grand jour...
ben quoi?... t'es tout seul?
ma mère a eu peur de croiser quelqu'un qu'elle connaît...
...du coup, je suis venu en repérage...
LES RESTAURANTS DU COEUR
moi qui croyais que ta jolie cagoule c'était pour la neige c'est plus "pour" la honte" en fait...
pff!... pov' nain!... je suis là "incognito," c'est pas pareil...
tu sais quoi... pour lui remonter le moral, eh bien je vais faire signer tous les enfoirés dans ce carnet... après ça, elle ne pourra que venir!!
J'vais t'aider... allons-y!
Eh m'sieur! vous l'avez vu Michel Sardou?
?
et Garou? non?!!
hein?
Zazie p't'être alors?
pst, pst!...

Non mais, t'as vu avec qui tu parlais ?!... c'est le type au cancer du bras droit !!! vachement connu lui, fais-le signer !!!
ah ouais? et comment il va faire le mec?
allons, ne sois pas si ronchon... un peu de bonne volonté... si tu veux des stars, c'est facile... regarde, là... la dame avec les cheveux en brosse ...
MURIEL ROBIN !!
OUARF !!
et là, dis... là... tu la reconnais?
ben non...
MIMIE MATHY!
pft... t'es con!...
HA HA!
finalement, Francis a fait signer son carnet par tous ces gens peut-être pas célèbres mais qui méritent eux aussi d'être connus...
... des gens simples, jeunes, vieux, beaux, moches, jaunes, blancs, noirs ou rouges...
Merci Gérard!
Yeaah !!
... tous les potes à Coluche quoi !...
Voilà, comme ça... Pa... Py... mou... geot... Yes!
HéHéHé...
Z'êtes cool m'sieur !!!
Heu... s'cusez... Vous êtes Monique, c'est ça?... dites, tant qu'on vous tient... enfin j'veux dire... un autographe, c'est possible ?
?
ça doit faire mal de gober une pomme, non?!
tout ça, c'est bien sympa, mais j'ai pas Michel Sardou dans mon carnet... pov' maman...
Sob ...

un problème mon gamin ?
un peu oui... j'ai pas encore vu un seul enfoiré ici !!!
"enfoiré ?!" tu veux parler de ceux qui nous ont piqué les cartons de dessert ?!
?!
vous avez l'air un peu perdus mes petits cocos... Suivez-moi, je vais m'occuper de vous...
J'espère que c'est pas du "corned beef d'la guerre d'quatorze" !!
meu non... il n'y a que des bonnes choses pour faire plusieurs repas équilibrés !!
WANANDEDIU !!!
arf !
...et comme vous êtes sages, je vous rajoute un peu de schmilblick mais ça reste entre nous, hein ?...
du chimibli !!
...miliblick !!!
oOAHH...
misère, misère, peut être qu'un jour ton président, sentant monter notre colère, misère, misère, devant les peuples sans frontière, alors il s'en mordra les dents
...il nous restait encore une dernière chose à faire...
Salut Michel Sardou, comme ont'a pas vu aux restos hier, à cause que p't'être que t'as eu peur, on a pensé à toi et on t'envoie ton petit colis... La prochaine fois essaye de venir, t'auras pas la honte, tu seras bien accueilli et t'auras tout ce qu'il faut pour te redonner le sourire !
On compte sur toi enfoiré !!! tes copains Francis et Romuald
Fais la bise à Zazie, elle est canon !!

Gaby & Dzack

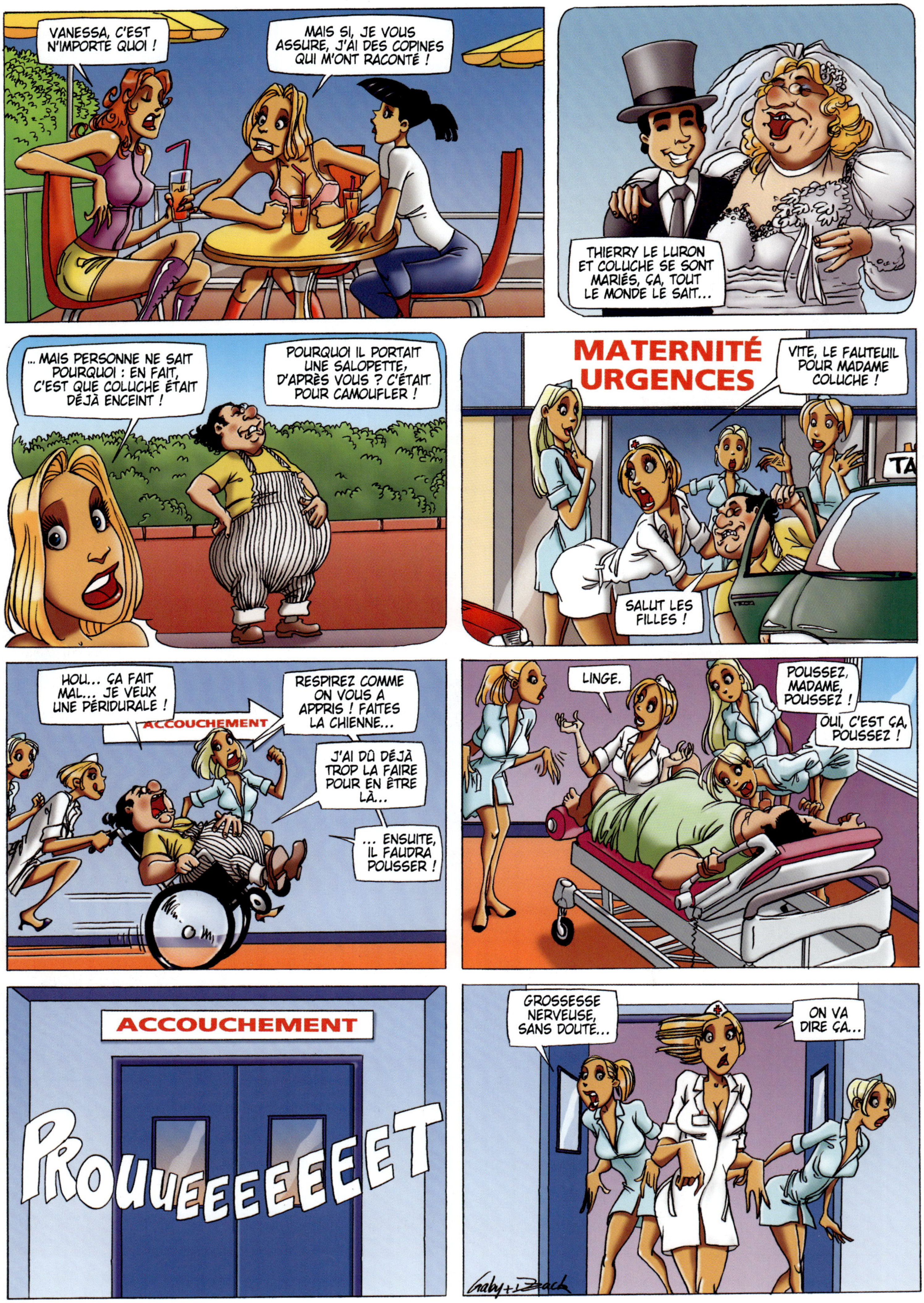
VANESSA, C'EST N'IMPORTE QUOI !
MAIS SI, JE VOUS ASSURE, J'AI DES COPINES QUI M'ONT RACONTÉ !
THIERRY LE LURON ET COLUCHE SE SONT MARIÉS, ÇA, TOUT LE MONDE LE SAIT...
... MAIS PERSONNE NE SAIT POURQUOI : EN FAIT, C'EST QUE COLUCHE ÉTAIT DÉJÀ ENCEINT !
POURQUOI IL PORTAIT UNE SALOPETTE, D'APRÈS VOUS ? C'ÉTAIT POUR CAMOUFLER !
MATERNITÉ URGENCES
VITE, LE FAUTEUIL POUR MADAME COLUCHE !
SALUT LES FILLES !
HOU... ÇA FAIT MAL... JE VEUX UNE PÉRIDURALE !
ACCOUCHEMENT
RESPIREZ COMME ON VOUS A APPRIS ! FAITES LA CHIENNE...
J'AI DÛ DÉJÀ TROP LA FAIRE POUR EN ÊTRE LÀ...
... ENSUITE, IL FAUDRA POUSSER !
LINGE.
POUSSEZ, MADAME, POUSSEZ !
OUI, C'EST ÇA, POUSSEZ !
ACCOUCHEMENT
PROUUEEEEEEET
GROSSESSE NERVEUSE, SANS DOUTE...
ON VA DIRE ÇA...
Gaby+Dzack

Le 25 septembre 1985, Thierry Le Luron et Coluche s'unissent pour le meilleur et pour le rire.

Jouvray

Coluche

En plus d'être érotique, de l'avis d'un sympathique chansonnier français, 1969 est aussi une année riche en événements historiques. Le Concorde fait péter le mur du son, les Américains piétinent les pelouses lunaires, De Gaulle démissionne et Pompidou préside, on ouvre les halles de Rungis, les hippies se vautrent dans la boue à Woodstock, Hô Chi Minh casse sa pipe, Beckett s'offre le Nobel de littérature et enfin, Coluche crée le Café de la Gare rue d'Odessa avec quelques potes. C'est là que l'histoire commence...

Coluche est un gars malin, ambitieux et comédien de surcroît. Son talent, c'est de savoir faire rire, son défaut, de savoir tout faire. Il y a des gens pénibles qui croient tout savoir faire mais Coluche est pénible parce qu'il aime faire savoir qu'il sait tout faire alors que les autres, non. (si, si, faites un effort, vous pouvez comprendre). Mais comme il est malin, il comprend qu'il casse les noix de toute la troupe alors il se tire. C'est parti pour une carrière de comique solo.

Coluche est un fainéant (c'est lui qui le dit) qui ne chôme pas (ce sont les chiffres qui le disent). Rien qu'entre 1978 et 1979 il se produit plus de 400 fois sur scène et palpe grâce à ça près de 20 millions de francs, ce qui lui fait dire qu'il n'est pas un nouveau riche mais un ancien pauvre, nuance.

Coluche est un bon copain et pour bien le faire savoir, il laisse sa porte grande ouverte dans son appartement rue Gazan. On vient chez lui pour dormir, bosser, partager un plat de nouilles, faire de la musique ou un baby-foot, regarder la télé en racontant des conneries qu'on retrouvera un jour ou l'autre dans l'un de ses sketchs.
Dans sa maison magique, il veut qu'on l'aime, il aime qui veut, les autres passeront toujours avant lui...

Coluche fait du cinéma parce que c'est un boulot parfait pour un fainéant (on bosse cinq minutes par jour) et aussi parce que ça fait voyager (il choisit souvent les rôles en fonction des lieux de tournage).
Mais comme il ne peut pas s'empêcher de savoir tout faire, il fait bien son travail et se paye même le César du meilleur pompiste du cinéma français.

Coluche fait de la radio et s'étonne de voir qu'on l'écoute. Alors il déballe ses armes et tout le monde en prend pour son matricule, au grand bonheur du populo qui, là encore, le gratifie de taux d'audience records...

Coluche est un fouteur de merde, un désobéisseur professionnel, un secoueur de cocotiers. Pour lui, tout est bon pour rappeler aux politiques qu'à force d'ignorer le peuple qui vit les pieds dans la merde, ça va finir par déborder jusque dans les ministères. Alors pour ne pas faire les choses à moitié, il se propose de devenir président de la République. Mais comme c'est un comique, il va le faire à sa manière, aux couleurs bleu, blanc, merde.

Coluche est un excessif, quand il goûte au succès il goûte aussi à l'angoisse, au doute, à la vanité, à la disproportion, au trop de confiance, à l'alcool et à la drogue aussi. Il saisira l'opportunité d'un jeu de la vérité pour déballer ses tripes et son coeur et soigner son mal. Il saisira aussi l'opportunité d'une radio pour reprendre le flambeau de la blague foireuse et de la critique vitriolée. Il saisira enfin l'opportunité d'un créneau horaire avantageux sur une TV cryptée pour définitivement replanter son décor favori.

Coluche est un comique populaire, ça veut dire qu'il cause comme le peuple et donc qu'il plaît au peuple. Faut dire que Coluche vient d'une banlieue populaire et comme Coluche est un bon copain il se préoccupe du quotidien du peuple (au moins c'est clair). Alors comme une partie du peuple occupe ses fins de mois à sucer des cailloux, il décide d'aller au charbon en créant les restos du coeur.

La suite de l'histoire est un peu moins drôle et de toute façon, tout le monde la connaît déjà.

DIS PAPA, C'ÉTAIT QUI, LUI ?
C'EST COLUCHE. AU SIÈCLE DERNIER, DANS LES ANNÉES 80, JE N'ÉTAIS PAS BEAUCOUP PLUS VIEUX QUE TOI, IL A FAIT LES RESTOS DU CŒUR AVEC SES COPAINS ARTISTES.
POUR DONNER À MANGER ET À BOIRE AUX PLUS PAUVRES.
PAPA ?
ATTENDS, JE T'EXPLIQUE...
LES POUVOIRS PUBLICS ONT EU HONTE QUE DES ARTISTES, DES SALTIMBANQUES COMME ILS DISAIENT, FASSENT LEUR TRAVAIL À LEUR PLACE, S'OCCUPER DES PLUS PAUVRES.
PAPA ?
ATTENDS... ET C'EST CE QUI A CONDUIT À LA RÉVOLUTION DE 1988, LA RÉVOLUTION SOCIALE UNIVERSELLE QUE TOUS ATTENDAIENT DEPUIS LONGTEMPS, MÊME CEUX QUI Y ÉTAIENT OPPOSÉS...
PAPA ?
DEPUIS, ANNÉE APRÈS ANNÉE, EN SUIVANT LES MODÈLES DE SOLIDARITÉ DE COLUCHE, LE NOMBRE DE PAUVRES DIMINUE DANS LE MONDE ENTIER, MÊME DANS LES RÉGIONS LES PLUS RECULÉES.
PAPA ?
TU AS COMPRIS ?
OUI, PAPA. SAUF UN MOT : C'ÉTAIT QUOI UN PAUVRE ?
SI SEULEMENT...
Gaby + Dzack

SI COLUCHE ÉTAIT UNE RELIGION

COMME JE LE DISAIS EN OUVERTURE DU JOURNAL, ON DÉPLORE ENCORE UNE VICTIME DU FROID...
...LE PLAN GRAND FROID EST MAINTENU SUR TOUT LE TERRITOIRE ...
LES TEMPERATU...
BIEN LE BONJOUR, MONSIEUR VIEY !
HEU... PARDON ? EXCUSEZ-MOI, MAIS JE M'APPELLE BUTTORSKI !
ARTHUR BUTTORSKI !
AVEC DEUX T.
COMMENT ÇA BUTOR...SKI ?!
OUI, MAIS AVEC DEUX T.
AVEC DEUX... MAIS, D'OÙ VENEZ-VOUS ? VOTRE DOMICILE ?
JE RETROUVE PAS VOTRE FICHE..
BEN... JE VIVAIS DANS LA RUE, AVEC MON CHIEN VICTOR..
UN SDF ! C'EST PAS VRAI !! J'AURAIS DÛ M'EN DOUTER !!... JAMAIS LÀ OÙ IL FAUT QUAND IL FAUT !
PFFF
BON, ALLEZ HOP ! AU PURGATOIRE ! EN ATTENDANT DE VOUS TROUVER UNE PLACE.
MAIS ?!
BEN OUI, C'EST COMME ÇA ICI AUSSI !
1

ENCORE EN TRAIN DE RADOTER, MON P'TIT PIERRE ?! TU T'ARRANGES PAS !
LE PURGATOIRE ?! POURQUOI PAS LES LIMBES, TANT QU'ON Y EST ?!
BIENVENUE
LES BOUFFONS ! MANQUAIT PLUS QU'EUX !
HÉ ! HO ! ÇA VA, HEIN !? JE CONNAIS MON BOULOT ! LES SDF AU PURGATOIRE ! C'EST ÉCRIT !
C'EST BON, T'ÉNERVE PAS, P'TIT PIERRE ! C'EST MAUVAIS POUR TON AURÉOLE ! MAIS... TU LE SAIS BIEN, LES ÉCRITS RESTENT...
ET NOUS, ON S'TIRE !
QUOI ?! TU N'AS PAS LE DROIT ! REVIENS ICI ! TOUT DE SUITE !
L'ÉCOUTE PAS, PETIT ! J'AI PAS CRÉÉ LES RESTOS DU CIEL POUR RIEN !... ET AVEC GÉRAAARD, ON A TOUT CE QU'IL FAUT POUR RIGOLER... PAS VRAI GÉRAAARD ?
OUAIS !
SALAUDS DE PAUVRES ! C'EST TOUJOURS PAREIL AVEC EUX !
...HUM !
QUOI HUM ?
QUI ÊTES-VOUS, VOUS ?
HEU... VIEY ! DAVID VIEY !
AVEC DEUX D.
DRII... DRII... DRII...
2

EHH... MAIS !? ET LE PURGATOIRE, ALORS ?
LAISSE TOMBER, PETIT, C'EST BON POUR LES CROYANTS, ÇA ! Y A QU'EUX POUR GOBER CES HISTOIRES...
S'ILS SAVAIENT QUE C'EST PAREIL ICI QU'EN BAS !...
LES CONS !
MAIS NOUS, ON S'EST MIEUX ORGANISÉS AVEC NOS RESTOS DU CIEL !
PAS VRAI, GÉRAAARD ?!
OUAIS !
AVEC DIONISOS QUI NOUS APPROVISIONNE EN PINARD ET VISHNOU EN HACQUIQUE... C'EST VRAIMENT LE PARADIS !
TU VAS VOIR, PETIT, ICI, TU NE VAS PAS REGRETTER TON SÉJOUR !

ET PERSONNE NE SE PLAINT ?
BIEN SÛR, IL Y A TOUJOURS DES GRINCHEUX ...
PFFF... TOUS DES MÉCRÉANTS !
OUI ! 'Y AURAIT MÊME DES MÉTÈQUES ...
HOU !
MOINS FORT !! 'Y EN A QUI VEULENT SE REPOSER !
ÉTERNELLEMENT, D'AILLEURS !
MAIS ON S'EN FOUT !
COMME JE LE DISAIS EN OUVERTURE DU JOURNAL, ON DÉPLORE ENCORE UNE VICTIME DU FROID...
SALUT, ARTHUR ! ON NE T'OUBLIERA PAS ! JE M'OCCUPERAI DE VICTOR EN TA MÉMOIRE !
AU MOINS, FINIES LES EMMERDES POUR LUI !
ET PLUS BESOIN DES RESTOS DU COEUR !
4
S. CARRÈRE 06

“ L’irrespect se perd. Je suis là pour le rétablir. “

LE CLOWN À RAYURES
Il y a toujours un monstre caché derrière un rideau ...
Un spectre, tapi dans l'ombre, qui nous attend au bas des escaliers...
une mésaventure de BILLY BROUILLARD
PAR GUILLAUME BIANCO
La nuit, les murs du couloir ont des yeux ...
Ils guettent le moindre de nos pas...
Parfois, un revenant se perche sur notre lit ...
Pour nous conter d'atroces récits, des heures durant.
C'est par une nuit d'insomnie, que je l'ai rencontré ...
Il s'est brusquement invité à la maison, enjambant, en un éclair, notre fenêtre cathodique ...
Il ressemblait à un clown rigolo, à un copain, à un grand frère ...

Rien ne semblait vraiment l'effrayer ...
La Guêpe Géante, tout au fond du jardin ...
N'était, pour lui, rien de bien vilain ...
Devant la Gorgone qui habitait le vieil arbre...
Toujours il restait de marbre ...
La Belle Noyée n'avait pas d'autre effet ...
Que de le faire rigoler ...
Quant aux larves que vomissent les pendus ...
Il les trouvait plutôt dodues!
Rien ne lui faisait peur ...
Pas même les grimaces de ma petite soeur...

À table, il avait le droit de dire des gros mots ... même tante Fernandine l'aimait bien ...
Il nous racontait des histoires hilarantes des heures durant ... Son humour était doux, chaleureux, apaisant ...
Les mornes après-midi d'hiver devenaient des moments de franches rigolades ...
PARC E. Gorey
Toutes nos angoisses s'envolaient ...
Avec lui, plus l'ombre d'un pendu dans l'armoire, plus la moindre trace de Nosferatu au grenier ...
Car la joie et la bonne humeur étaient ses alliées ...

Mais le mauvais sort est tenace... Il ne renonce jamais...
C'est en juin, par une magnifique journée ...
Qu'il lui fit un cadeau empoisonné ...
C'est sous un soleil éclatant que le Clown à Rayures, ivre de bonheur ...
... Partit sans prévenir ...
Il y a toujours un monstre caché derrière un rideau ... Un mur, un arbre, ou un camion ...
Remember
On mesure le bonheur au bruit qu'il fait quand il s'en va ...

Le vide qu'il a laissé résonne encore aujourd'hui, tout au fond de moi..
.....
...
FIN

LE 29 SEPTEMBRE 1985
COLUCHE BAT UN RECORD
DE VITESSE À MOTO...
LE plus LONG A
ÉTÉ D'ENFILER
LA COMBINAISON
!!
OW
MOTO 1
EUROPE 1
F.Margerin

TCHAO PANTIN

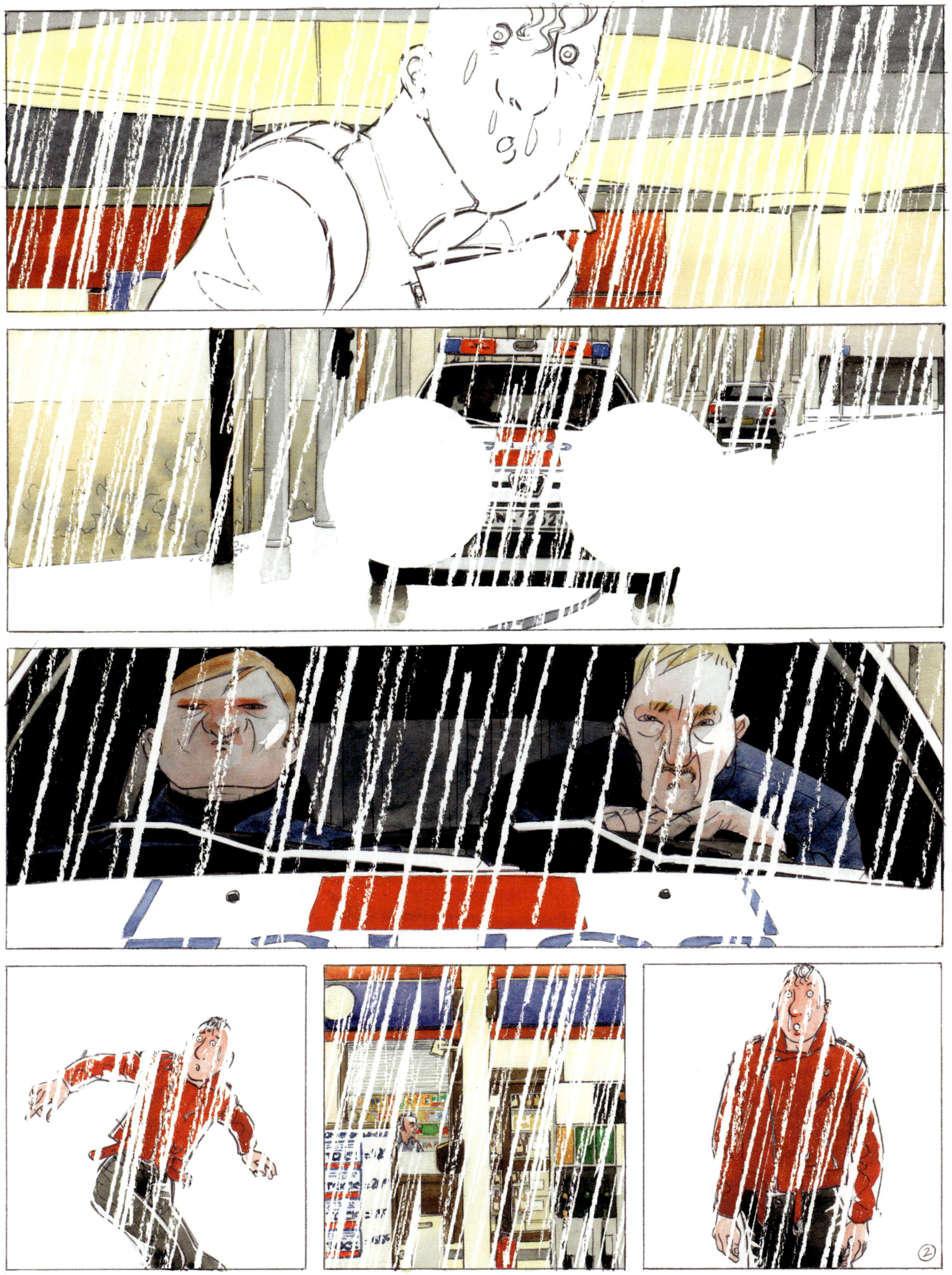

erie
ns
Mobil
ATF
220
Mobil
ATF
220
Mobil
SUPER
Mobil
SUPER

ELLE VOUS FAIT DU TROUBLE LA JEUNESSE À C'QUE J'VOIS ?
Mobil
POLICE

“ Je ne suis pas un nouveau riche, je suis un ancien pauvre.”

... Commémoration de
l'Appel du 29 octobre 1980
MYOPES
RETARDÉS
AVANCÉS
RECULÉS
TROUFIONS
LES NAINS
DESSINEUX
LES CHIENS
LES CHATS
LES SUICIDÉS
VICTIMES...
LES VIEUX
LES ARTISTES
LES TAULARDS
LES LESBIENNES
LES APPRENTIS
LES NOIRS
LES PIÉTONS
LES ARABES
LES FRANÇAIS
LES CHEVELUS
LES DOUX-DINGUES

GRRRR
GRRRRrrr
WARF
WARF
WARF
GRRRRRRRR
WARF
WARF
CHuuuuT, Enfoiré ! LAISSE TOMBER...

“ Le plus difficile est de dire en y pensant
ce que tout le monde dit sans y penser.”

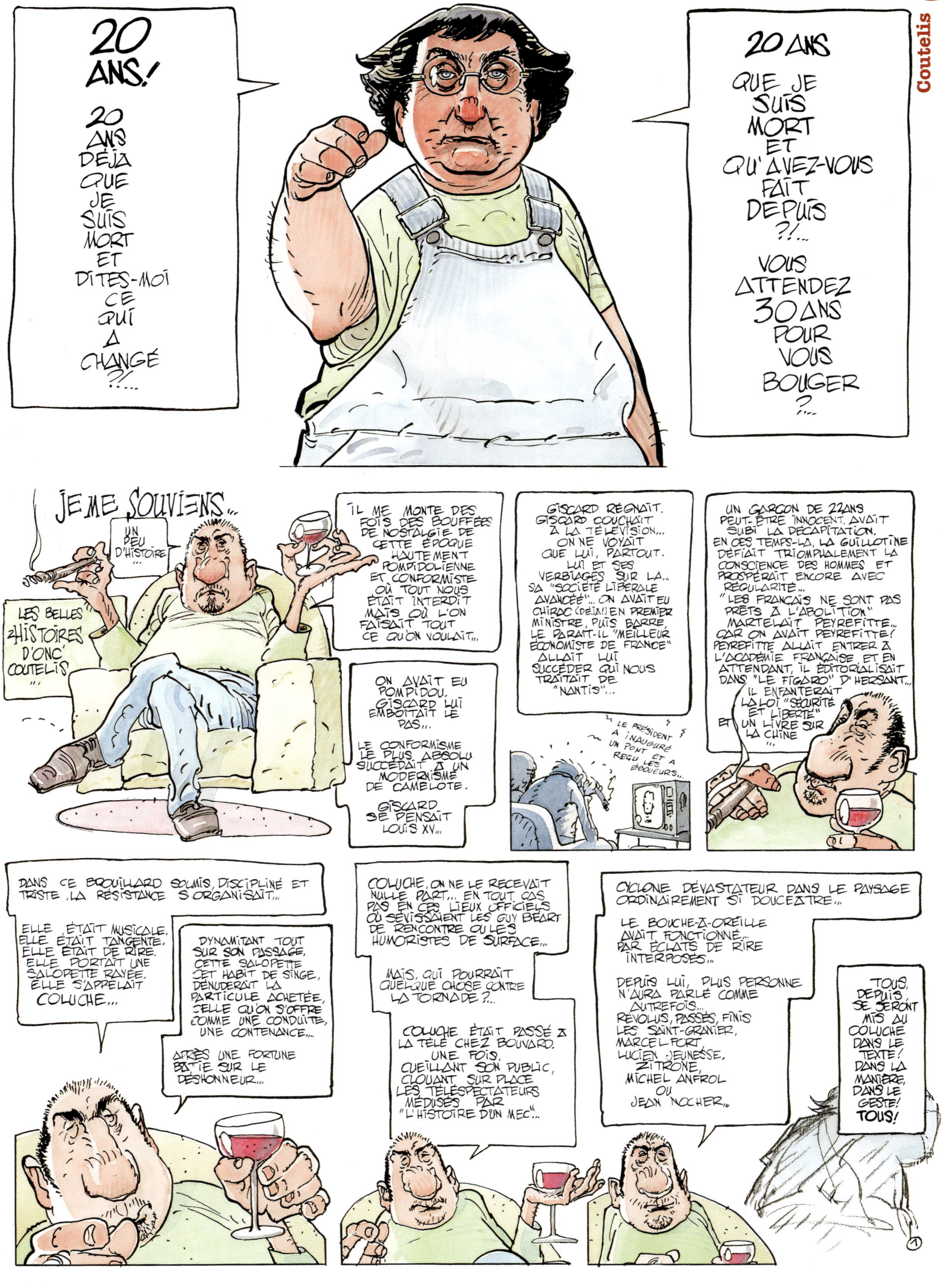
20 ANS!
20 ANS DÉJÀ QUE JE SUIS MORT ET DITES-MOI CE QUI A CHANGÉ ?!...
20 ANS QUE JE SUIS MORT ET QU'AVEZ-VOUS FAIT DEPUIS ?!...
VOUS ATTENDEZ 30 ANS POUR VOUS BOUGER ?...
JE ME SOUVIENS...
UN PEU D'HISTOIRE...
LES BELLES HISTOIRES D'ONC' COUTELIS...
IL ME MONTE DES FOIS DES BOUFFÉES DE NOSTALGIE DE CETTE ÉPOQUE HAUTEMENT POMPIDOLIENNE ET CONFORMISTE OÙ TOUT NOUS ÉTAIT INTERDIT MAIS OÙ L'ON FAISAIT TOUT CE QU'ON VOULAIT...
ON AVAIT EU POMPIDOU. GISCARD LUI EMBOITAIT LE PAS...
LE CONFORMISME LE PLUS ABSOLU SUCCÉDAIT À UN MODERNISME DE CAMELOTE.
GISCARD SE PENSAIT LOUIS XV...
GISCARD RÉGNAIT. GISCARD COUCHAIT À LA TÉLÉVISION... ON NE VOYAIT QUE LUI, PARTOUT. LUI ET SES VERBIAGES SUR LA.. SA "SOCIÉTÉ LIBÉRALE AVANCÉE"... ON AVAIT EU CHIRAC (DÉJÀ!) EN PREMIER MINISTRE, PUIS BARRE, LE PARAÎT-IL "MEILLEUR ÉCONOMISTE DE FRANCE" ALLAIT LUI SUCCÉDER QUI NOUS TRAITAIT DE "NANTIS"...
LE PRÉSIDENT A INAUGURÉ UN PONT ET A REÇU LES ÉBOUEURS...
UN GARÇON DE 22 ANS PEUT-ÊTRE INNOCENT, AVAIT SUBI LA DÉCAPITATION. EN CES TEMPS-LÀ, LA GUILLOTINE DÉFIAIT TRIOMPHALEMENT LA CONSCIENCE DES HOMMES ET PROSPÉRAIT ENCORE AVEC RÉGULARITÉ... "LES FRANÇAIS NE SONT PAS PRÊTS À L'ABOLITION" MARTELAIT PEYREFITTE... CAR ON AVAIT PEYREFITTE! PEYREFITTE ALLAIT ENTRER À L'ACADÉMIE FRANÇAISE ET EN ATTENDANT, IL ÉDITORIALISAIT DANS "LE FIGARO" D'HERSANT...
IL ENFANTERAIT LA LOI "SÉCURITÉ ET LIBERTÉ" ET UN LIVRE SUR LA CHINE...
DANS CE BROUILLARD SOUMIS, DISCIPLINÉ ET TRISTE, LA RÉSISTANCE S'ORGANISAIT...
ELLE ÉTAIT MUSICALE. ELLE ÉTAIT TANGENTE. ELLE ÉTAIT DE RIRE. ELLE PORTAIT UNE SALOPETTE RAYÉE. ELLE S'APPELAIT COLUCHE...
DYNAMITANT TOUT SUR SON PASSAGE, CETTE SALOPETTE CET HABIT DE SINGE, DÉNUDERAIT LA PARTICULE ACHETÉE, CELLE QU'ON S'OFFRE COMME UNE CONDUITE, UNE CONTENANCE...
APRÈS UNE FORTUNE BÂTIE SUR LE DÉSHONNEUR...
COLUCHE, ON NE LE RECEVAIT NULLE PART... EN TOUT CAS PAS EN CES LIEUX OFFICIELS OÙ SÉVISSAIENT LES GUY BÉART DE RENCONTRE OU LES HUMORISTES DE SURFACE...
MAIS, QUI POURRAIT QUELQUE CHOSE CONTRE LA TORNADE ?...
COLUCHE ÉTAIT PASSÉ À LA TÉLÉ CHEZ BOUVARD. UNE FOIS, CUEILLANT SON PUBLIC, CLOUANT SUR PLACE LES TÉLÉSPECTATEURS MÉDUSÉS PAR "L'HISTOIRE D'UN MEC"...
CYCLONE DÉVASTATEUR DANS LE PAYSAGE ORDINAIREMENT SI DOUCEÂTRE...
LE BOUCHE-À-OREILLE AVAIT FONCTIONNÉ... PAR ÉCLATS DE RIRE INTERPOSÉS...
DEPUIS LUI, PLUS PERSONNE N'AURA PARLÉ COMME AUTREFOIS... RÉVOLUS, PASSÉS, FINIS LES SAINT-GRANIER, MARCEL FORT, LUCIEN JEUNESSE, ZITRONE, MICHEL ANFROL OU JEAN NOCHER...
TOUS, DEPUIS, SE SERONT MIS AU COLUCHE DANS LE TEXTE! DANS LA MANIÈRE, DANS LE GESTE! TOUS!
1

COLUCHE IS BACK
20 ANS DÉJÀ...
DES CONNERIES, J'EN AI DITES !...
MAIS VOUS, VOUS LES AVEZ FAITES !
IN TOWN...
D'OÙ KI SORT ?
ET VOUS VOUS PLAISEZ À CONTINUER À LES PRODUIRE PAR MILLIERS !
VOUS LES ACCUMULEZ, MÊME !...
LES CONS SONT TOUJOURS LÀ !
ILS TRIOMPHENT DANS LEURS GLORIEUSES IMPOSTURES SATISFAITES...
ENCORE EUX !
TOUJOURS EUX !
LES CONS SONT LÀ !
LES CONS PARADENT !
ON EST CERNÉS !

TOUTE MA VIE, JE ME SUIS BATTU CONTRE LES CONS! ET ILS SONT TOUJOURS LÀ!...
RAYONNANTS ET CONTENTS !
MON COMBAT EST À POURSUIVRE!...
Y EN A JAMAIS EU AUTANT...
ON EST CERNÉS PAR LES CONS, QUE JE VOUS DIS !
ON EST ASSIÉGÉS PAR LES CONS EN GROUPES CONSTITUÉS...
LES CONS SONT PLUS DANGEREUX QUE LA BRIGADE DE REICHSHOFFEN!...
AH?
OUI
ET VOUS RESTEZ LÀ, LE CUL PAR TERRE À ATTENDRE...
BOUGEZ-VOUS UN PEU!...
MAIS QUOI?...
VOYEZ L'ÉTAT DU MONDE!
OUVREZ BIEN LES YEUX ET REGARDEZ !...
3

LE CAC40 EXULTE ...
ET IL Y A TOUJOURS PLUS DE PAUVRES !...
À QUOI ÇA A SERVI, QUE JE ME DÉCARCASSE ?!...
LES RESTOS DU COEUR SONT PLEINS À CRAQUER...
Y A QUE ÇA QUI PROGRESSE ...
AVEC LE CAC 40 OU L'INDICE NIKKEÏ !
ÇA NE VOUS OFFENSE PAS ÇA ?...
T'AS PAS CENT BALLES, MEC ?
'VOUS FAUDRAIT QUOI, ALORS ?!...
FAUDRAIT QUE COLUCHE REVIENNE VOUS BOTTER LE CUL ! DONNER DE L'ÉLAN À VOTRE RÉVOLTE...
REGARDEZ-VOUS UN PEU BANDE DE LARVES AVARIÉES !
DESSILLEZ-VOUS LES YEUX !...
ON VOUS MÈNE EN BATEAU !
ZYVA !
BRAVO !
YO !
IL A RAISON !
AVEC LUI !
YO !
OUAIS !

MES LUNETTES...
LA TENTATION DE LA TYRANNIE EST À VOS PORTES ET VOUS NE LA VOYEZ PAS !
PONT DE L'AL
ET VOUS VOUS APPRÊTEZ À PORTER UN APPRENTI CONDUCATOR À L'ÉLYSÉE !
AVEC LE SOURIRE UN AUTOCRATE EN DEVENIR !
POUR VOUS FAIRE BOTTER LE CUL !
VOUS MANQUEZ DONC D'UN PÈRE FOUETTARD ?!..
POUR CACHER LES MISÈRES QUE VOUS NE VOULEZ PAS VOIR ?...
ET HOP !...
COLUCHE...
C'EST COLUCHE !
OÙ EST-IL LE NOUVEAU COLUCHE ?
CELUI QUI FINIRA MON BOULOT : CONFONDRE ET DÉJOUER LE COMPLOT ?
LE COMPLOT DE LA BÊTISE ? DES VIEILLES BARBES AGISSANTES !
JE REVIENDRAI !
EN ATTENDANT, JE VAIS BOIRE LE COUP AVEC MES COPAINS REISER, FRANQUIN, DEWAERE, CHORON ET LES AUTRES...
AL COUTELIS
C'ÉTAIT L'HISTOIRE D'UN MEC...
5

Dessin paru dans Le Monde

Le 19 juin 1986, Coluche nous quitte sans prévenir.
Chacun a encore ce jour en mémoire.

COUVERTURE
Illustration : **Jean SOLÉ**

Préface : **Eddy MITCHELL**

p1 à p5 & p43 Dessin : **Olivier DUTTO** - Couleurs : **Benoît BEKAERT**
p8 Dessin et couleurs : **Jean-Louis MOURIER**
p10 Dessin : **GOTLIB** - Couleurs : **Benoît BEKAERT**
p11 Dessin et couleurs : **EDIKA**
p12 à p15 Dessin et couleurs : **Fabien LACAF**
p17 à 20 Dessin et couleurs : **Éric CARTIER**
p21, p22 & p28 Dessin : **REISER**
p22 Dessin : **CABU**
p23, p25, p48 & p52 Scénarii : **GABY** - Dessin : **DZACK** - Couleurs : **Yoann GUILLO**
p24 Dessin : **WOLINSKI**
p26 & p27 Dessin : **Didier CRISSE** - Couleurs : **Fred BESSON**
p28 & p78 Dessin : **PLANTU**
p29 Dessin et couleurs : **MŒBIUS**
p30 & p31 Texte, dessin et couleurs : **Olivier G. BOISCOMMUN**
p33 à p38 Dessin : **Marc N'GUESSAN** - Couleurs : **Christophe GIBELIN**
p40 & p41 Dessin : **GAUDELETTE** - Couleurs : **Pat LARCENET**
p42 Texte : **COLUCHE** - Dessin et couleurs : **PTILUC**
p44 à p47 Dessin : **Laurent CAGNIAT** - Couleurs : **Claude GUTH**
p49 Dessin et couleurs : **DANY**
p50 & p51 Scénario : **Olivier JOUVRAY** - Dessin : **Jérôme JOUVRAY**
Couleurs : **Anne-Claire JOUVRAY**

p53 Dessin et couleurs : **Daniel GOOSSENS**
p54 à p57 Dessin : **Serge CARRÈRE** - Couleurs : **Tony VALENTE**
p59 à p63 Dessin : **Guillaume BIANCO**
p64 Dessin et couleurs : **Frank MARGERIN**
p65 à p68 Dessin et couleurs : **BARU**
p69 Dessin : **KERAMIDAS** - Couleurs : **Benoît BEKAERT**
p70 & p71 Dessin et couleurs : **LIDWINE**
p 73 à p77 Dessin et couleurs : **Al COUTELIS**

Les petits COLUCHE disséminés tout au long de l'album sont l'œuvre d'**Olivier DUTTO** - Couleurs : **Benoît BEKAERT.**

L'éditeur remercie chaleureusement Véronique, Romain et Marius Colucci.

Mille mercis à Mr. Eddy, Dominique Laisney, Michelle Reiser, les Éditions Albin Michel, Charlie Hebdo, Liliane Roudière, Mélanie Turpyn, David Viey, à tous les auteurs qui ont accepté de se joindre à l'aventure et aux autres qui se reconnaîtront !

Soleil Productions
15, Boulevard de Strasbourg
83000 Toulon - France

Bureaux parisiens
25, Rue Titon - 75011 Paris - France

Conception et réalisation graphique : Studio Soleil

Dépôt légal : Juin 2006 - ISBN : 2 - 84946 - 496 - 1
Première édition

Fabriqué en France par Partenaires Book®